EDICT DV ROY,

PORTANT CREATION de trois Offices de Conseillers & Tresoriers de toutes les Fermes des Gabelles : Trois Conseillers Tresoriers Generaux, & Trois offices de Conseillers Controolleurs generaux de toutes les Fermes domaniales, Aydes, Impositions & Subsides de ce Royaume. Auec la Declaration, portant augmentation de gaiges ausdits Tresoriers & Controolleurs des Fermes, au lieu des taxations à eux attribuees par ledit Edict.

Publié en la Chambre des Comptes le 19. Mars 1622.

A PARIS,

Chez FED. MOREL, & P. METTAYER,
Imprimeurs ordinaires du Roy.

M. DCXXII.

Auec Priuilege de sa Maiesté.

OVIS par la grace de Dieu, Roy de France & de Nauarre, A tous presens & à venir, Salut. Le feu Roy nostre tres-honoré Seigneur & Pere,
Ayant pour plusieurs bonnes considerations par son Edict du mois de Septembre mil cinq cens quatre vingts treize, creé & erigé des Tresoriers & Côtroolleurs generaux des Gabelles, les auroit en l'annee mil cinq cés quatre vingts dixhuict supprimez, estimât que par le moyen de l'adiudication qui fut lors faicte de la ferme generale desdites Gabelles en nostre Conseil, la function desdits offices eust esté rendue inutile: Mais ayant au contraire recogneu auec le temps l'establissement desdites charges, estre aussi necessaire pendant que nos Gabelles sont affermees, que quant'elles sont regies en nos mains, Nous auriôs par nostre Edict du mois de
restably les Controolleurs generaux desdites Gabelles : Par le moyen de la function desquels, Nous en auons tiré si grande lu-

miere & cognoiſſance, que nous auõs eſti-
mé ne pouuoir trouuer meilleur moyen de
conſeruer nos fermes tant deſdites Gabelles qu'autres impoſitions en leur entier,
qu'en reſtabliſſant leſdits Treſoriers non
ſeulement ſur les fermes des Gabelles de
France des vnze Generalitez, comme ils e-
ſtoient anciennemét : mais auſſi ſur toutes
les autres fermes des Gabelles de noſtre
Royaume, & n'auons pas iugé eſtre moins
vtil à noſtre ſeruice, de creer & eriger trois
Treſoriers & trois Controolleurs generaux
de toutes nos autres fermes, pour prendre
le ſoing neceſſaire à la cõſeruation & augmentation d'icelles, & receuoir des adiudicataires les deniers à nous reuenãs bons de
chacuñe deſdites fermes. Sçauoir faiſons,
Qu'apres auoir mis cet affaire en la deliberation de noſtre Cõſeil, où eſtoient aucuns
Princes de noſtre Sang, autres Princes Officiers de noſtre Courõne, & Seigneurs de
noſtre Conſeil : De l'aduis d'iceluy, & de
noſtre certaine ſcience, pleine puiſſance &
auƈtorité Royale, Nous auons par cettuy
noſtre preſent Ediƈt perpetuel & irreuoca-
ble reſtably, & en tant que beſoin eſt, creé
& erigé de nouueau, Reſtabliſſons, creõs &

erigeõs en tiltre d'office formé trois offices de nos Conseillers & Treforiers generaux de toutes les fermes des Gabelles de noftre Royaume. Et encores auõs par cès mefmes prefentes, creé & erigé, creons & erigeons trois autres offices de nos Confeillers, Treforiers generaux, & trois offices de nos Cõ- feillers, Controolleurs generaux de toutes nos autres fermes Domaniales, Aydes, Im- pofitions, & Subfides, dont les baux fe paf- fent à prefent, & fe pafferont à l'aduenir en noftre Confeil, pour y eftre dés à prefent par nous & nos fucceffeurs Roys, pourueu de perfonnes capables qui les exerceront triannalement, & auront lefdits Treforiers generaux de nofdites Gabelles le manie- ment de tout le reuenu, tant de noftre fer- me des Gabelles de France, des vnze Ge- neralitez, que de celles de Lyonnois, Lan- guedoc, Prouence, & Dauphiné, encores que par le fufdit Edict de leur creation ils n'euffent le maniemét que de ladite ferme des Gabelles de Fráce feulemét, & les trois autres Treforiers generaux auront le ma- niement du reuenu de nos cinq groffes fer- mes, de celles de nos Domaines de Nauar- re, de la ferme generale de nos Aydes, de

celles de la Charéte, traictes d'Anjou, Poitou
& Marans, foraine & patente de Languedoc
& Prouence, contablie & extinction du
conuoy de Bourdeaux, les fermes du vin de
Picardie : les trente sols pour muid de vin à
Paris : celles des impositiõs sur le vin & cidre,
& de l'escu pour tonneau de mer en Nor-
mandie : celles de Melun, Meulan, Ingran-
de, Broüage : & generalemét de toutes celles
dont les baux se passent à present, & se passe-
ront à l'aduenir en nostre Conseil. Lesquels
Tresoriers generaux tant desdites Gabelles
qu'autres fermes, receuront chacun selon
leurs charges, des Fermiers & Adiudicataires desdites fermes, ainsi qu'elles sont main-
tenant affermees, & tant qu'elles le seront,
soit par Prouinces, Generalitez, Elections
ou Bureaux particuliers les deniers reuenans
bons en nostre Espargne de chacunes d'icelles fermes les charges payees, & dans les ter-
mes que lesdits Fermiers sont & seront tenus
de les fournir : & lesdits Tresoriers presentement restablis & creez, les payeront & fourniront quinze iours apres és mains des Tresoriers de nostre Espargne distinctement &
par natures separees : & demeurera és mains
desdits Fermiers, le fonds ordonné pour les

rentes & charges estans sur icelles, qui sera payé aux Receueurs & payeurs desdites rentes, & autres officiers & cõptables, ainsi qu'ils ont accoustumé, sans rien innouer par le present Edict, sur le faict & payement desdites rentes & charges. Et aduenant que nosdites Gabelles & autres fermes feussent regies & administrees en nostre main, en ce cas, Nous voulõs que nosdits Tresoriers generaux presentement creez, reçoiuent de ceux qui y serõt preposez (selon la nature de leurs charges) tous les deniers prouenãs du reuenu de nos Gabelles, Aydes, Subsides & Impositiõs generalemét : & lors payeront & fourniront comptãt aux Receueurs & Payeurs desdites rentes & autres officiers & cõptables, le mesme fonds destiné pour le payement d'icelles, que souloient faire les Adiudicataires & Fermiers ainsi qu'il est accoustumé, sans qu'au moyen de l'augmentation dudit maniement procedant du fonds desdites charges, ils puissent pretédre aucunes taxations. La recepte & despése desquelles charges sera faicte suiuant les estats qui en l'vn ou l'autre cas serõt dressez en nostre Conseil, & qui seront deliurez à chacun desdits Tresoriers trois mois auãt que d'entrer en charge, afin qu'ils ayent

moyen de faire les diligéces neceſſaires pour
l'acceleration de nos deniers: Pour le recou-
urement deſquels, leur ſeront deliurees les
copies des baux à ferme par les Fermiers,
dans vn mois apres l'enregiſtrement d'iceux.
Pour cet effect, Voulons & ordonnons, que
les Adiudicataires deſdites fermes payent
d'oreſnauāt le prix d'icelles és mains de ceux
de noſdits Treſoriers nouuellement creez
qui ſeront en charge, à commencer du quartier de Iuillet prochain, qui leur en expedie-
ront leurs quittances : leſquelles ſeront con-
troollees par ceux de noſdits Controolleurs
generaux qu'il appartiendra. Leſquels Fermiers & leurs cautions, Nous voulons y eſtre
contraints en vertu des Commiſſions qui ſeront expediees en noſtre grand Seeau ſur les
certifications deſdits Treſoriers, ainſi qu'il a-
uoit accouſtumé d'eſtre faict pour leſdits deniers, lors qu'ils ſe portoient directement en
noſtre Eſpargne, nonobſtant que par leurs
baux il leur euſt eſté ordōné en payer le prix
aux Treſoriers de noſtre Eſpargne: Auſquels
nous ordonnons d'adreſſer à l'aduenir leurs
mandemens & reſcriptions des aſſignations
qu'ils aurōt à leuer ſur leſdits deniers auſdits
Treſoriers generaux. Et pour le regard des

Controolleurs generaux en amplifiant la
function attribuee à ceux de noſdites Gabelles, tant par les Edicts de leur creation &
eſtabliſſement, que par nos Ordonnances &
Arreſts de noſtre Conſeil, Nous voulons &
entendōs le pouuoir de leurs charges ſ'eſten-
dre generalemēt ſur toutes les autres fermes
des Gabelles de noſtre Royaume, dont leſdits Treſoriers feront le maniement, duquel
ils tiendront regiſtre, & controolleront les
quittáces ſuiuant nos Ordōnances. Et quand
aux Controolleurs generaux de nos autres
fermes preſentement creez, ils tiendront pa-
reil controolle du maniement que feront les
Treſoriers deſdites fermes, & feront l'exercice de leurs charges tout ainſi que leſdits
Controolleurs generaux des Gabelles. Auſquels offices de Treſoriers & Controolleurs
generaux preſentement creez, Nous auons
attribué & attribuons, à ſçauoir auſdits trois
Treſoriers generaux des Gabelles chacun ſix
mil liures de gaiges par an, & deux deniers
pour liure de la recepte actuelle qu'ils ferōt
en l'annee de leur exercice: Auſdits Controolleurs generaux des Gabelles cy deuant
par nous reſtablis, Nous leur auons attribué
par forme d'augmentation vn denier pour
liure,

liure, de la recepte actuelle que feront lefdits Treforiers de nos Gabelles en l'annee
de leur exercice, outre les gaiges & droicts
dont ils iouyffent à prefent, à la charge de
nous payer en nos parties Cafuelles les fommes aufquelles ils feront taxez en noftre
Confeil, pour iouyr de ladite prefente attri-
bution & ampliation de pouuoir. Aux Treforiers generaux de nos autres fermes Domaniales, Aydes & Subfides chacun fix mil
liures de gaiges, & deux deniers pour liure
de la recepte actuelle qu'ils feront en l'annee
de leur exercice : Et aux trois Controolleurs
generaux defdites fermes chacun quatre mil
liures de gaiges par chacun an , & vn denier
pour liure de la recepte actuelle en l'ânee de
leur exercice. Lefquels gaiges & taxations,
lefdits Treforiers retiendront par leurs mains
& les payeront à leurs compagnons, refpe-
ctiuement chacun en l'annee de leur exercice : Comme auffi aufdits Controolleurs
par leurs fimples quittances, & ce des deniers
de leurs charges de quartier en quartier, dont
le fonds fera par nous faict & laiffé par chacun an dans les eftats defdites Fermes : &
femblablement pour les efpices, façons &
redditions des comptes defdits Treforiers :

B

lefquels Treforiers verifieront eftre en noftre Confeil, & compteront de tout leur maniement en noftre Chambre des Comptes à
Paris feulement, & non ailleurs, auant que
de rentrer en exercice, & tous efgalement
feront receuz, & prefteront le ferment en
en noftredite Chambre. Et voulós que tous
lefdits Officiers prefentement creez iouyffent du benefice du droiĉt annuel fans faire
aucune aduance, lequel droiĉt annuel ils
payeront fur l'eualuation qui en fera faiĉte
en noftredit Confeil. Et pour plus ample
grace, Nous les auons defchargez du payement d'iceluy pendant la prefente annee,
fans que leurs offices puiffent vacquer par
leur decez durát ledit temps. Si donnons
en mandement à nos amez & feaux Confeillers, les gens de nos Comptes, que ces prefentes ils façent lire, publier, regiftrer, gardent,
obferuent & entretiennent, & façent garder, obferuer & entretenir, & du contenu en
icelles iouyr & vfer les pourueuz defdits offices, pleinement & paifiblement: ceffans &
faifans ceffer tous troubles & empefchemés
au contraire, nonobftant oppofitions ou ap-
pellations quelfconques: pour lefquelles, &
fans preiudice d'icelles ne voulons eftre dif-

feré, en ayant retenu & reſerué, retenons &
reſeruons la cognoiſſance à nous & à noſtre
Conſeil, & icelle interdicte & defenduë, in-
terdiſons & defendons à toutes nos Cours &
Iuges quelscõques : Car tel eſt noſtre plaiſir.
Et afin que ce ſoit choſe durable, ferme &
ſtable à touſiours, Nous auons faict mettre
noſtre ſeel à ceſdites preſentes, ſauf en autres
choſes noſtre droict & l'autruy en toutes.

Donné à Fontainebleau au mois d'Auril,
l'an de grace mil ſix cens vingt-vn. Et de
noſtre regne le vnzieſme.

Signé,   LOVIS.
Et plus bas, Par le Roy, PHELIPEAVX.
Et à coſté, VISA. Et au deſſouz eſt eſcrit,

*Leu, publié & regiſtré en la Chambre des Comptes, ce
conſentant le Procureur general par le commandement
du Roy, porté par Monſeigneur le Duc d'Anjou, frere
vnique de ſa Majeſté, venu exprés en ladite Chambre,
aſſiſté des ſieurs Dornano ſon Gouuerneur, de Chaſteau-
neuf & Ieannin, Conſeillers en ſon Conſeil d'Eſtat, le
quatrieſme iour de May 1621.*
Signé,   *BOVRLON.*
Et ſeellé ſouz le contreſeel du grand ſeau de cire
verte, en lacs de ſoye verte & rouge.

B ij

*Declaration du Roy, portant augmentation de gaiges aux
Treforiers & Controolleurs des Fermes au lieu
des taxations à eux attribuees par l'Edict
de leur creation.*

LOVIS par la grace de Dieu, Roy de
France & de Nauarre, A tous ceux qui
ces prefentes Lettres verrôt, Salut. Ayant
en l'annee derniere faict propofer en noftre Confeil diuers moyens pour tirer vn prompt fe-
cours de deniers, pour ayder à fubuenir aux defpéfes
de la guerre: Et ne f'en eftant trouué aucun plus cer-
tain, vtile, & qui chargeaft moins nos finances, que
celuy du reftabliffement & creation des offices de
Treforiers de nos Gabelles & fermes, Nous aurions
par noftre Edict du mois d'Auril dernier, creé & erigé en tiltre d'office formé, trois offices de Treforiers
des Gabelles, & trois autres offices de Treforiers de
toutes les autres Fermes qui fe baillent & adiugent
en noftre Confeil, & trois Controolleurs d'icelle:
Aufquels offices de Treforiers nous auons attribué
fix mil liures de gaiges par chacun an, & deux deniers
pour liure de taxation en l'annee d'exercice de leur
recepte actuelle: & aufdits Controolleurs quatre mil
liures de gaiges, & vn denier pour liure de taxation
en l'annee d'exercice de ladite recepte actuelle. Laquelle recepte nous aurions eftimee fur le pied de
quatre millions de liures de chacune defdites charges,
felon ce qui fe paye de net en noftre Efpargne, toutes
les charges ordinaires defduites & rabbatues. Sur le
pied defquels gaiges & taxations la finance defdits

offices auroit esté taxee en nostre Conseil: sçauoir,
lesdits Tresoriers des Gabelles à deux cens quatre
vingts mil liures chacun: Lesdits Tresoriers des Fermes à deux cens soixante douze mil six cens soixante
six liures treze sols quatre deniers chacun : Et les
Controolleurs à cent quatorze mil liures aussi chacun. Mais considerans que par l'augmentation qui
arriue iournellemét en nosdites Fermes les taxations
de la recepte actuelle pourroient monter à sommes
immeses. Et aussi par le moyen de la guerre ou autres
accidens qui peuuent arriuer, ladite recepte actuelle
pourroit beaucoup diminuer: Et par consequent, les
taxations desdits offices dont les pourueuz & ceux
qui restent à y pouruoir, seroient grandement inte-
ressez. Pour à quoy éuiter & faire cognoistre nostre
intention par le reglement desdites taxations, Aurions faict expedier nos lettres de Declaration du dix-
neufiesme Iuin dernier passé, par lesquelles en inter-
pretant nostredit Edict, Aurions ordonné que lesdits
Officiers iouyroient desdites taxations, chacun en
l'annee de leur exercice sur le pied de quatre millions
de liures de recepte par an, pour chacune charge de
Tresorier: Bien que la recepte actuelle ne se trouuast
monter à ladite somme: Et qu'excedant icelle, ils ne
pourroient pretendre taxation de l'augmentation.
Laquelle Declaration nostre Chambre des Comptes
n'auroit voulu regiftrer sur ce que les taxations ne
s'attribuent qu'en consequence du trauail & maniement actuel, & qu'ils en seroient les Iuges à la reddi-
tion du compte, comme ils ont assez faict cognoistre
par leur Arrest interuenu à la reception de Maistre
Nicolas Malbrache, l'vn des Tresoriers desdites Fer-

mes. Ce qui apporte vn trouble auſdits Officiers
pourueuz, & retarde grandement le ſecours que
nous eſperons tirer de ceux qui reſtent encores à
leuer: A quoy il eſt beſoin pouruoir par autre noſtre
Declaration. SçAVOIR FAISONS, Qu'ayant
faict mettre de nouueau cet affaire en deliberation
en noſtre Conſeil d'Eſtat, où eſtoient aucuns Princes
de noſtre Sang, autres Princes Officiers de noſtre
Couronne, & de noſtredit Conſeil, où il a eſté re-
preſenté que les gaiges & taxations que nous auons
attribuez auſdits Offices, n'ont eſté qu'en conſide-
ration de la grande finance à quoy ils ont eſté taxez
en noſtre Conſeil: NoVs de l'aduis d'iceluy, &
de noſtre certaine ſcience, pleine puiſſance & aucto-
rité Royale, Avons dict, declaré & ordonné, di-
ſons, declarons & ordonnons par ces preſentes,
ſignees de noſtre main, que les pourueuz deſdits
Offices de Treſoriers des Gabelles & des Fermes,
iouyront par chacun an, tant en exercice que hors
exercice, outre les ſix mil liures de gaiges à eux attribuez par noſtredit Edict, de la ſomme de vnze mil
cent vnze liures deux ſols trois deniers chacun par
forme d'augmentation de gaiges au lieu deſdites taxations de deux deniers pour liure deſdits quatre
millions de liures, montans chacun an à trente trois
mil trois cens trente trois liures ſix ſols huict deniers
pour chacune deſdites charges. Et leſdits Controolleurs deſdites Fermes, outre les quatre mil liures de
gaiges à eux attribuez de la ſomme de cinq mil cinq
cens ſoixante liures vnze ſols deux deniers chacun,
auſſi par forme d'augmentation de gaiges par chacun
an, tant en annee d'exercice que hors icelle, Auſſi

au lieu defdites taxations d'vn denier pour liure defdits quatre millions de liures, montans à feize mil
fix cens foixante fix liures treize fols quatre deniers.
Lefquelles augmentations de gaiges équipolent auf-
dites taxations attribuees à ceux defdits Officiers
en exercice fur le pied defdits quatre millions de
liures, fur laquelle fomme nous auons faiᵈ faire la
taxe en noftre Confeil defdits Offices, aux fommes
cy deffus mentionnees, & qui eft entre eufdits Officiers vne annee commune : fans qu'ils puiffent pretendre autres plus grandes fommes en l'annee d'exercice & hors icelle, pour gaiges & taxations, quand
mefmes la recepte excederoit lefdits quatre millions
de liures.

Sɪ ᴅᴏɴɴᴏɴs ᴇɴ ᴍᴀɴᴅᴇᴍᴇɴᴛ à nos
amez & feaux Confeillers les gens de nos Comptes à
Paris, que ces prefentes nos lettres de Declaration
ils ayent à faire lire, publier & regiftrer, & le contenu en icelles inuiolablement garder & obferuer.
Et fans f'arrefter à leurs Arrefts du vingt-fixiefme
Octobre & vnziefme iour de Decembre dernier, &
quatriefme iour de Feurier auffi dernier, interuenu à
la reception dudit Mallebranche, aux motifs d'iceux,
ny attendre de nous autre plus exprés commandement que cefdites prefentes, que nous voulons eftre
le dernier pour ce regard : Car tel eft noftre plaifir.
Donné à Paris le vingt-troifiefme iour de Feurier,
l'an de grace mil fix cens vingt-deux. Et de noftre
regne le douziefme.

    Signé,   **LOVIS.**
Et fur le reply, Par le Roy, Dᴇ Lᴏᴍᴇɴɪᴇ.
Et à cofté fur ledit reply, eft efcrit :

Leu, publié & registré en la Chambre des Comptes, le consentant le Procureur general du Roy, par le commandement de sa Maiesté, porté par Monsieur le Prince de Condé, venu exprés en ladite Chambre, assisté des sieurs de Chasteauneuf & President Ieannin, Conseillers en son Conseil d'Estat & Priué, le dix neufiesme iour de Mars mil six cens vingt-deux.
Signé,   *BOVRLON.*

Collationné aux originaux, par moy Conseiller Secretaire du Roy.